Entwurf

eines

Unterrichts-Gesetzes

betreffend

die öffentlichen höheren Schulen für die männliche Jugend.

(Ministerial-Entwurf §§. 103—131.)

Von

einem Schulmann.

Berlin,

Druck und Verlag von Georg Reimer.

1870.

Herrn Professor Dr. R. Gneist

hochachtungsvoll

gewidmet.

Vorwort.

Der auf den folgenden Blättern dargebotene Entwurf ist aus vieljähriger Arbeit auf dem Gebiete des Unterrichts entstanden und steht lediglich auf dem Standpunkte der Schule. In Betreff der Unterrichts-Verwaltung ist die Beibehaltung der bestehenden Organisation (Provinzial-Schul-Collegien und Unterrichts-Ministerium) vorausgesetzt und ein Vorschlag zu Neuerungen in größerem Maßstabe nicht gewagt. Die definitive Feststellung der Kreis-Ordnung, die der eines Unterrichtsgesetzes vorausgehen muß, würde manche, jedoch wohl nicht wesentliche Berichtigungen nöthig machen.

Die den fortlaufenden Nummern der Paragraphen in Parenthese beigefügten Zahlen sind die der Paragraphen des Ministerial-Entwurfes.

Berlin, im Januar 1870.

Entwurf
eines Unterrichts-Gesetzes, betreffend die öffentlichen höheren Schulen für die männliche Jugend.

---

§. 1 (M. E. 103).

Oeffentliche höhere Schulen sind die Gymnasien und Progymnasien, die Realschulen und höheren Bürgerschulen.

§. 2.

Die Gründung von öffentlichen höheren Schulen ist vom 1. Januar 1875 ab ausschließlich dem freien Ermessen der Städte oder Kreise (Stadt- oder Kreisgemeinden) überlassen. In Städten ist dann der Magistrat, in Kreisen der Kreis-Ausschuß die Patronatsbehörde.

Wenn mehrere (Stadt- oder Kreis-) Gemeinden gemeinschaftlich eine höhere Schule begründen, so wird nach freier Uebereinkunft der Betheiligten eine besondere Patronatsbehörde errichtet.

§. 3 (M. E. 104).

Die öffentlichen höheren Schulen haben die Eigenschaft juristischer Personen.

Die rechtliche Vertretung derselben steht dem Patronat zu.

§. 4.

Vom 1. Januar 1875 ab werden im Staatsbudget alle Summen abgesetzt, welche zur Erhaltung oder Unterstützung von öffentlichen höheren Schulen bestimmt sind.

Diejenigen der vorhandenen höheren Schulen, welche bisher vom Staate allein oder zum Theil unterhalten wurden, gehen entweder an die (Stadt- oder Kreis-) Gemeinden über, die das volle Patronat nebst dem gesammten Vermögen derselben übernehmen wollen, oder werden aufgehoben.

Im letzteren Falle geht die Verwaltung des Vermögens der Schule auf so lange, bis eine (Stadt- oder Kreis-) Gemeinde die Neugründung derselben übernimmt, an die Verwaltung des Provinzialfonds mit der Maßgabe über, daß der jedesmalige Jahresertrag nach Beschluß des Provinzial-Landtages zur Unterstützung derjenigen Schulen der Provinz verwendet werde, deren Unterhaltung von Seiten ihrer Patronate die größten Opfer fordert.

Auch schon vor dem 1. Januar 1875 kann der Unterrichts-Minister Staatsgelder, die zur Unterhaltung oder Unterstützung höherer Schulen bestimmt sind, zurückziehen, wenn diese von den concurrirenden Kreis- oder Stadtgemeinden freiwillig übernommen sind.

§. 5.

Diejenigen höheren Schulen, deren Erhaltung ohne Zuschuß aus den ihnen gehörigen Stiftungen und Fonds gesichert ist, werden von der Bestimmung des §. 4 und der damit zusammenhängenden Umgestaltung der Schulverwaltung nicht betroffen. Sie werden wie bisher ihren besonderen Statuten gemäß verwaltet. Doch steht es dem Ministerium frei, auch ihnen im Einverständniß mit ihren gesetzlichen Vertretern dieselben oder ähnliche Einrichtungen zu geben, wie sie in dem vorliegenden Gesetze für die andern höheren Schulen vorgesehen sind.

§. 6.

Die Städte, welche bisher ausschließlich aus ihren Mitteln

höhere Schulen unterhielten, während dieselben auch einem oder mehreren Kreisen zu gute kamen, haben das Recht diese Schulen mit dem 1. Januar 1875 eingehen zu lassen, wenn nicht die zugehörigen Kreise sich bereit erklären gemeinsam mit der Stadt das Patronat zu übernehmen oder einen angemessenen Beitrag zu den Schulunterhaltungskosten zu zahlen.

Die nähere Auseinandersetzung in Betreff der Patronatspflichten oder die Bestimmung der Höhe des Beitrags ist im letzteren Falle lediglich Sache freier Uebereinkunft.

§. 7 (M. E. 131).

Zur Gründung, Uebernahme und Umgestaltung einer öffentlichen höheren Schule ist die Genehmigung des Unterrichts-Ministers erforderlich. Dieselbe darf nur ertheilt werden, wenn außer der Subsistenzfähigkeit der zu gründenden Schule nachgewiesen wird, daß für das niedere Schulwesen des Ortes (Kreises) genügend gesorgt ist.

§. 8 (M. E. 128, Alin. 2).

Das Minimum der Kosten, welche auf die Unterhaltung einer öffentlichen höheren Schule zu verwenden sind, wird von 10 zu 10 Jahren (vom 1. Januar 1875 an gerechnet) in einem Normal-Etat durch Gesetz festgestellt.

Der Normal-Etat gibt für die verschiedenen Arten der höheren Schulen, je nach ihrer Bestimmung (§. 1), der Klassenzahl und dem Durchschnittspreise der Lebensmittel in den Schulorten, die danach in große, Mittel- und kleinere Städte eingetheilt werden, die Minimal-Positionen. Er setzt nicht bloß die Minimal-Höhe der Besoldungen für die Lehrer und Beamten der Anstalten, sondern auch der Mittel für die bauliche Unterhaltung der Schulgebäude, für Bibliotheken, physikalische und naturwissenschaftliche Sammlungen, Karten, Programme und aller anderen für jede Schule nöthigen Leistungen an.

Bis 1. Januar 1875 bleibt der von dem K. Unterrichts-Ministerium zu diesem Behuf aufgestellte Normal-Etat in Kraft.

§. 9.

Behufs Erlangung der Erlaubniß zur Gründung, Uebernahme oder Umgestaltung einer höheren Schule (§. 7) entwirft die Patronatsbehörde mit Berücksichtigung des Normal-Etats (§. 8) einen Gründungsplan für die betreffende Schule, welcher der Genehmigung des K. Unterrichts-Ministers bedarf. Doch darf diese nur auf Grund der gesetzlichen Bestimmungen und unter Hinweisung auf dieselben versagt werden.

§. 10.

Der Gründungsplan muß sogleich auf den beabsichtigten Umfang der vollständigen Schule berechnet sein. In Uebereinstimmung mit seinen Grundlagen hat die Patronatsbehörde von drei zu drei Jahren einen Special-Etat für die Anstalt zu entwerfen, welcher der Genehmigung des Provinzial-Schul-Collegiums bedarf.

§. 11.

Sobald die Genehmigung zur Gründung erfolgt ist, errichtet die Patronatsbehörde eine Schulkasse und stellt die für dieselbe erforderlichen Beamten an.

Die Schulkasse kann auch mit der Stadthaupt- oder der Kreis-Kasse verbunden sein.

§. 12.

Behufs der Verwaltung der Schule ist ein Schul-Curatorium zu errichten.

§. 13.

Der Patronatsbehörde allein bleibt vorbehalten

1) die Verwaltung des Vermögens der Schule und der mit derselben verbundenen Stiftungen;
2) die Prüfung der Jahresrechnung der Schule und die Ertheilung der Decharge;

3) die Festsetzung der Höhe des Schulgeldes innerhalb der gesetzlichen Schranken (§. 65);

4) die Beschlußfassung über Neubauten, Umbauten und Erweiterungsbauten, sowie die Leitung und Beaufsichtigung derselben;

5) die Beschlußfassung über nöthige Erweiterungen der Schule;

6) die Pensionirung dienstunfähiger Lehrer;

7) die Genehmigung aller den Etat überschreitenden Ausgaben.

Die Beschlüsse über die ad 3—6 genannten Angelegenheiten bedürfen der Genehmigung des Provinzial-Schul-Collegiums, beziehungsweise des Ministeriums.

§. 14.

Die Verwaltung der höheren Schulen steht in den Grenzen des dreijährigen Special-Etats dem Schul-Curatorium zu.

§. 15.

In Städten, welche selbstständig eine höhere Schule unterhalten, besteht das Curatorium aus

1) dem (Ober-) Burgemeister oder einem von diesem delegirten Magistrats- (Raths-) Mitgliede als Vorsitzendem;

2) zwei von und aus dem Magistrat (Rath),

3) zwei von und aus der Stadtverordneten-Versammlung,

4) einem oder, wenn in der Schule Religionsunterricht für mehrere verschiedene Confessionen ertheilt wird (§. 75, Alin. 5), aus eben so vielen von und aus den Kirchengemeindevertretungen*),

5) zwei von und aus der Zahl der Väter der Schüler gewählten Mitgliedern (vergl. M. E., Motive zu §. 116, Alin. 1 a. E.);

---

*) Unter den Kirchengemeindevertretungen und den Synoden der folgenden §§. sind nicht die jetzigen gemeint, durch welche wohl die Geistlichkeit, aber nicht die christliche Gemeinde vertreten wird, sondern die, welche aus freien Wahlen der Gemeinde werden hervorgegangen sein.

6) dem Director (Rector) der Schule, sobald ein solcher gewählt ist.

§. 16.

Für die Kreise, welche selbstständig eine höhere Schule unterhalten, besteht das Curatorium aus

1) dem Vorsitzenden des Kreis-Ausschusses oder einem von diesem delegirten Mitgliede desselben als Vorsitzendem;
2) vier von und aus dem Kreis-Ausschuß,
3) einem oder (in dem §. 15, 4 erwähnten Falle) mehreren von und aus der Kreis-Synode oder den Kreis-Synoden,
4) zwei von sämmtlichen Vätern der Schüler aus der Zahl der am Schulorte wohnhaften gewählten Mitgliedern;
5) dem Director der Schule, sobald ein solcher gewählt ist.

§. 17.

Wenn eine höhere Schule von mehreren (Stadt- oder Kreis-) Gemeinden gemeinschaftlich unterhalten wird, so unterliegt die Zusammensetzung des Curatoriums der freien Uebereinkunft der Betheiligten. Jedoch muß stets der Director (Rector) zu demselben gehören und sowohl die Kirchengemeindevertretungen wie auch (mit zwei Mitgliedern) die Väter der Schüler in ihm vertreten sein.

§. 18.

Wenn an einem und demselben Schulort mehrere höhere Schulen von einer Patronatsbehörde unterhalten werden, so kann ein gemeinsames Curatorium für alle derselben Gattung gebildet werden. In diesem Falle darf die Zahl der Mitglieder auf das Doppelte erhöht werden. Die einzelnen Directoren werden dann nur zur Berathung der ihre Anstalt betreffenden Angelegenheiten zugezogen; für allgemeine Angelegenheiten wählen sie aus ihrer Mitte einen oder, wenn über fünf Anstalten von dem Curatorium verwaltet werden, zwei zu ständigen Vertretern.

§. 19.

Die gewählten Mitglieder der Curatorien verwalten ihr Amt sechs Jahre lang. Je nach drei Jahren scheidet die Hälfte, das erste Mal nach dem Loose, aus. Die ausscheidenden sind wieder wählbar.

Die Mitglieder aus dem Magistrat, dem Kreis-Ausschuß, der Stadtverordneten-Versammlung und den Kirchengemeindevertretungen und Synoden werden nach den für diese Behörden giltigen Normen, die von den Vätern der Schüler zu ernennenden in einer von der Patronatsbehörde durch öffentliche Bekanntmachung zu berufenden Conferenz nach den für städtische Wahlen geltenden Bestimmungen gewählt. Die Legitimation der erschienenen geschieht durch Wahlkarten, welche den Vätern auf Grund der Schülerverzeichnisse von dem Patronat zugesendet werden.

Die Patronatsbehörde ernennt den Wahl-Commissarius.

§. 20.

Einer Bestätigung der gewählten Mitglieder des Curatoriums durch Königliche Behörden bedarf es nicht. Wenn nach der Ansicht eines oder mehrerer Wähler Ungesetzlichkeiten bei der Wahl vorgekommen sind, so steht die Berufung an das Provinzial-Schul-Collegium frei.

§. 21.

Alle Mitglieder des Curatoriums haben in gleicher Weise Sitz und Stimme. Die Beschlüsse werden nach Stimmenmehrheit gefaßt; bei Gleichheit der Stimmen gibt die des Vorsitzenden den Ausschlag.

Der Director (Rector) ist verpflichtet jeder Sitzung des Curatoriums beizuwohnen; in Krankheits- und ähnlichen Behinderungsfällen delegirt er ein Mitglied des Lehrer-Collegiums der Anstalt, das ihn dann mit vollem Stimmrecht zu vertreten hat.

Auch die anderen Mitglieder des Curatoriums sind zum regelmäßigen Besuch der Sitzungen verpflichtet und können für ungerechtfertigte Versäumnisse von dem Vorsitzenden in eine Ordnungsstrafe von je 2 Thalern genommen werden.

§. 22.

In Gemäßheit der ihm durch §. 14 auferlegten Pflicht leitet das Curatorium das gesammte Rechnungswesen der Schule, weist die von dem Director ihm übersandten und für richtig befundenen Rechnungen auf die Schulkasse an und legt die von drei Mitgliedern genau nach den Belägen geprüfte Jahresrechnung der Patronatsbehörde zur Decharge vor.

§. 23.

Das Curatorium beantragt bei der Patronatsbehörde die als nothwendig sich ergebenden Erweiterungen der Schule und Etatsveränderungen.

§. 24.

Das Curatorium beschließt und leitet (unbeschadet §. 13, 4) die in jedem Jahre nöthigen baulichen Reparaturen.

Solche Reparaturen, deren Kosten sich bis auf 3 Thaler belaufen, ordnet der Director auf eigene Verantwortung an.

§. 25 (M. E. 130).

Das Curatorium führt die Oberaufsicht über die gesammten Schullocale und Utensilien und ist berechtigt, jedoch nur in Uebereinstimmung mit dem Director, die Benutzung der Schullocalien zu anderen als zu Schulzwecken zu gestatten.

§. 26.

Das Curatorium läßt jährlich einmal durch ein oder mehrere Mitglieder die Bibliotheken und anderen Sammlungen nebst dem sämmtlichen Inventar der Anstalt revidiren und über den Befund ein Protokoll aufnehmen.

§. 27 (M. E. 117).

Das Curatorium bestimmt alljährlich die Lage der Ferien (vergl. §. 67).

§. 28 (M. E. 104. 105. 119. 120).

Das Curatorium beruft den Director (Rector) und sämmtliche Lehrer der Anstalt, fertigt den fest angestellten die Berufungsurkunden aus und bewirkt die Einführung der bestätigten, der Directoren im Verein mit der K. Staatsregierung.

Die Bestätigung der Wahl der Directoren steht dem Könige, die der Oberlehrer dem Unterrichts-Minister, die der ordentlichen Lehrer dem Provinzial-Schul-Collegium zu.

Von Seiten des Ministers und des Provinzial-Schul-Collegiums darf die Genehmigung nur unter Beifügung der gesetzlichen Hinderungsgründe versagt werden.

Die Confession (Religion) des Gewählten ist kein gesetzlicher Grund für die Versagung der Bestätigung.

Wenn das Curatorium sechs Monate nach Erledigung einer Stelle oder drei Monate nach Versagung einer Bestätigung eine neue Wahl nicht vollzogen hat, so steht die definitive Besetzung der Stelle dem Ministerium zu.

Hat Recurs an den Verwaltungsgerichtshof (§. 85) stattgefunden, so werden die drei Monate von dem Tage der Behändigung des Urtheils an gerechnet.

§. 29 (M. E. 122).

Wenn der Director (Rector) oder ein Lehrer der Anstalt dienstunfähig wird, so hat das Curatorium seine Pensionirung (§. 48) bei der Patronatsbehörde zu beantragen. Desgleichen steht es dem Curatorium zu, dem Director und den Lehrern längeren Urlaub zu bewilligen (§. 51).

§. 30 (M. E. 116).

Das Curatorium bestimmt, ob eine besondere Disciplinar-Ordnung für die Schule nothwendig erscheint und erläßt im Bejahungsfalle eine solche, die jedoch von dem Lehrer-Collegium der Anstalt vorher durchberathen sein muß.

Ebenso bestimmt das Curatorium nach vorheriger Anhörung

des Lehrer-Collegiums, ob und welche Religionsübungen an der Anstalt bestehen, neu eingeführt oder abgeschafft werden sollen.

§. 31.

Jede von dem Lehrer-Collegium beabsichtigte Veränderung der Lehrbücher (§. 54) bedarf, jedoch nur in Bezug auf die den Eltern dadurch auferlegte Mehrausgabe, der Zustimmung des Curatoriums.

§. 32.

Der von dem Director entworfene Lectionsplan nebst Stundentabelle wird am Anfang jedes Schuljahres, beziehungsw. Halbjahrs, dem Curatorium zur Kenntnißnahme vorgelegt.

§. 33.

Zu allen öffentlichen Prüfungen und Feierlichkeiten der Schule entsendet das Curatorium mindestens zwei Deputirte.

Jedes Mitglied des Curatoriums und des Patronats erhält ein Exemplar von dem Programm der Anstalt.

§. 34.

Jedes Mitglied des Curatoriums hat das Recht zu einer vorher mit dem Director zu verabredenden Zeit den Unterricht der Anstalt zu besuchen, ohne jedoch dabei irgend welche Weisung an Lehrer oder Schüler richten zu dürfen.

Probelectionen von Candidaten wohnt stets wenigstens ein Mitglied des Curatoriums außer dem Director ex officio bei.

Jedes Mitglied des Curatoriums hat das Recht und die Pflicht Uebelstände in der Schule, von denen es Kunde erhalten hat, in den Sitzungen zur Sprache zu bringen und Abstellung derselben zu verlangen.

§. 35.

Diejenigen, welche auswärtige Schüler bei sich in Kost nehmen wollen ohne mit ihnen verwandt zu sein, haben die Genehmigung dazu schriftlich bei dem Curatorium nachzusuchen. Dasselbe kann die ertheilte Genehmigung auch wieder entziehen.

Der Director ist verpflichtet keinen der Schüler der Anstalt in einer von dem Curatorium nicht gebilligten Pension wohnen zu lassen.

§. 36.

Das Curatorium beschließt nach den Bestimmungen des §. 66 über die Befreiung würdiger und armer Schüler von der Zahlung des Schulgeldes.

§. 37.

Für alle in den §§. 23. 25. 27. 28. 29. 30. 31. 36. bezeichneten Angelegenheiten hat der Director, wenn es verlangt wird, (nach seiner Wahl mündlich oder schriftlich) das Referat zu übernehmen, und falls er durch einen Beschluß des Curatoriums das Wohl der Anstalt gefährdet glaubt, das Recht der Beschwerde beim Provinzial-Schul-Collegium. Doch ist die Beschwerdeschrift vor der Absendung dem Curatorium mitzutheilen.

Behufs der Entscheidung über eine solche Beschwerde kann das Provinzial-Schul-Collegium die Einsicht der Sitzungs-Protokolle und der übrigen Acten des Curatoriums verlangen.

§. 38 (M. E. 120).

Der Unterricht an den höheren Schulen und die Handhabung der Disciplin liegt dem Lehrer-Collegium ob.

Das Lehrer-Collegium besteht aus einem Director (Rector) und einer nach den Bestimmungen des §. 41 festzusetzenden Anzahl von Oberlehrern (Professoren), ordentlichen Lehrern und (wissenschaftlichen und technischen) Hilfslehrern.

§. 39 (M. E. 122).

Der Director und die Lehrer der öffentlichen höheren Schulen haben die Stellung, die Rechte und Pflichten mittelbarer Staatsbeamten.

§. 40 (M. E. 123).

Der Director darf nicht zu mehr als 12, der Rector nicht zu mehr als 16, die Oberlehrer und ordentlichen Lehrer nicht zu mehr als 20 wöchentlichen Unterrichtsstunden, abgesehen von der nothwendigen Vertretung erkrankter oder ähnlich behinderter Lehrer, verpflichtet werden.

§. 41 (M. E. 120).

Die Zahl der Oberlehrer, die jede höhere Schule haben muß, richtet sich nach der Zahl der Klassen von Prima bis Tertia einschließlich (§. 72). Die Zahl dieser Klassen mit 28 multiplicirt (§. 74) ergibt die Zahl der in denselben zu ertheilenden obligatorischen Unterrichtsstunden, und das Produkt (nach Abzug der Pflichtstunden des Directors) durch 20 (§. 40) getheilt, wobei der etwaige Rest nicht berücksichtigt wird, die Zahl der Oberlehrerstellen.

Der Titel Professor wird von dem Unterrichts-Minister nur an solche Lehrer verliehen, die sich durch bedeutendere literarische Leistungen und die Erfolge ihres Unterrichts ausgezeichnet haben.

Auch die Zahl der Hilfslehrer, die an einer höheren Schule beschäftigt werden dürfen, richtet sich nach der Klassenzahl. Beträgt die letztere 6 (oder mit getheilter Prima 7), so darf nur ein Hilfslehrer, steigt sie höher, so dürfen zwei Hilfslehrer angestellt werden. Eine Ueberschreitung dieser Zahl bedarf der Genehmigung des Provinzial-Schul-Collegiums.

§. 42 (M. E. 121).

Niemand darf für eine ordentliche Lehrerstelle gewählt werden, der nicht in der Prüfung für das höhere Lehramt (pro facultate docendi) nach den bestehenden oder noch zu erlassenden Bestimmungen seine Befähigung dazu nachgewiesen und das gesetzliche Probejahr zur Zufriedenheit des Directors der Anstalt, an der es abgeleistet worden ist, und des derselben vorgeordneten Provinzial-Schulrathes bestanden hat.

Die Befähigung für das Directorat (Rectorat) muß durch das Colloquium pro rectoratu nachgewiesen werden.

Weder von der Prüfung pro facultate docendi noch von dem Colloquium darf eine Dispensation stattfinden.

§. 43 (M. E. 121).

Zur Abhaltung der Prüfung pro facultate docendi sowie des Colloquium pro rectoratu werden von dem Unterrichts-Minister wissenschaftliche Prüfungs-Commissionen ernannt, deren Mitglieder ordentliche Professoren einer Landes-Universität sein müssen. Die Verpflichtung zur Uebernahme dieser Function, so oft sie gefordert wird, ist in die Berufungs-Urkunden der Universitäts-Professoren aufzunehmen.

Wenn eine Veränderung des Reglements beabsichtigt wird, muß jedesmal das Gutachten der wissenschaftlichen Prüfungs-Commissionen eingeholt werden.

Den wissenschaftlichen Prüfungs-Commissionen allein steht auch die Beurtheilung der Abiturienten-Arbeiten (§. 60) zu.

§. 44 (M. E. 128, Alin. 3).

Sobald ein Lehrer für eine ordentliche Lehrerstelle gewählt und bestätigt ist, steht ihm vom ersten Tage des auf die Wahl folgenden Vierteljahrs an das in dem Special-Etat der Schule für die Stelle ausgeworfene Einkommen zu.

§. 45 (M. E. 120, Alin. 3).

Das Aufrücken (Ascension) eines Lehrers in eine höhere Stelle hat in dieser wie in jeder anderen Beziehung (vergl. §. 28) durchaus die rechtliche Geltung einer Wahl.

§. 46.

Ein gesetzlich geprüfter und angestellter Lehrer kann dem Wirkungskreise, der ihm von dem Director nach seiner durch das Prüfungs-Zeugniß bezeugten Befähigung überwiesen worden ist, wenn nicht die in den §§. 47. 48 vorgesehenen Fälle eintreten, nur durch einen Spruch des Verwaltungs-Gerichtshofes (§. 85) enthoben werden.

§. 47 (M. E. 122).

Die Directoren und Lehrer der höheren Schulen sind denselben Strafgesetzen wie alle Staatsbürger und denselben Disciplinargesetzen wie die übrigen Staatsbeamten unterworfen.

§. 48 (M. E. 122).

Wenn ein Director oder ein Lehrer wegen Altersschwäche oder (länger als zwei Jahre) dauernder Kränklichkeit zu wirksamer Verwaltung seines Amtes untauglich ist, so hat das Curatorium auf seine Pensionirung anzutragen (§. 13, 6 u. 29).

Die Pensionirung erfolgt nach Maßgabe der Verordnung vom 28. Mai 1846 (Ges.-S. S. 214 ff.), beziehungsweise der später darüber zu erlassenden Gesetze. Doch steht es dem Patronat frei, die Minimalsätze zu erhöhen.

Dem Schul-Collegium steht die Bestätigung des Patronatsbeschlusses zu, die nicht versagt werden darf, wenn die Forderungen des Gesetzes erfüllt sind.

In streitigen Fällen entscheiden die Gerichte.

§. 49.

Die Directoren und Lehrer können auch selbst auf Pensionirung antragen, haben dann aber auf Verlangen ihrerseits den Nachweis dauernder Unfähigkeit zum Amte durch ein Physikats-Attest zu führen.

§. 50 (M. E. 124).

Die Directoren und Lehrer an höheren Schulen dürfen ihr Amt nur zu Ostern oder zu Michaelis und zwar auch dann nur aufgeben, wenn sie dasselbe mindestens ein Vierteljahr vorher gekündigt haben. Ausnahmen hiervon bedürfen sowohl der

Zustimmung des Curatoriums wie des Provinzial-Schul-Collegiums.

§. 51.

Zu jeder Unterbrechung der amtlichen Thätigkeit bedarf es bei Directoren und Lehrern an höheren Schulen, außer insofern sie durch Krankheit oder auf Grund gesetzlicher Bestimmungen nothwendig wird, eines Urlaubes.

Derselbe wird auf die Dauer einer Woche von dem Director, auf längere Zeit von dem Curatorium ertheilt; im letzteren Falle jedoch ist die Zustimmung des Provinzial-Schul-Collegiums zu dem von dem Director vorzulegenden Vertretungsplan erforderlich.

§. 52.

Die Obliegenheiten des Directors in Bezug auf die eigentlichen Angelegenheiten der Schule sind

1) die Vertretung der Schule nach außen und die Führung der dazu nothwendigen amtlichen Correspondenz;
2) Entwurf der nöthigen Lectionspläne; Vertheilung der Ordinariate, Correcturen, Inspectionen unter die Lehrer der Anstalt;
3) die Aufsicht über die Amtsthätigkeit der Lehrer und der übrigen Schulbeamten nach den darüber bestehenden und zu erlassenden Bestimmungen;
4) die Anordnung der nöthigen Vertretungen;
5) die Aufnahme neuer Schüler und die Sorge für die zeitgemäße Versetzung aller;
6) die Aufsicht über die gesammte Disciplin der Schule und die Anordnung aller für deren Erhaltung nöthigen Maßregeln;
7) die Anschaffung der Bücher für die Bibliotheken, der physikalischen Apparate und der übrigen Unterrichtsmittel in den Grenzen der etatsmäßigen Sätze, so wie die Erhaltung des gesammten Inventars der Anstalt;

8) Einleitung und Durchführung aller Maßregeln, die zur Förderung der Schule geeignet scheinen.

Die Versetzungen und die zwangsweise Entfernung von Schülern (§. 57 ff.) müssen stets von der gesammten Lehrer-Conferenz beschlossen werden, deren Sitzungen er anzuberaumen und zu leiten hat; welche von den anderen Angelegenheiten passend erscheinen, derselben vorgelegt zu werden, bleibt seinem Ermessen überlassen.

Wird eine Abstimmung in der Conferenz nöthig, so entscheidet die einfache Stimmenmehrheit; bei Gleichheit der Stimmen gibt die des Directors den Ausschlag. Erscheint ihm ein Beschluß der Mehrheit dem Interesse der Schule nachtheilig, so ist er befugt denselben zu suspendiren und die Entscheidung des Provinzial-Schul-Collegiums einzuholen.

§. 53.

Die Lehrer der Anstalt ertheilen den ihnen nach dem festgestellten Lectionsplan übertragenen Unterricht und handhaben die Disciplin der Schüler durchaus selbstständig. Sie haben in dieser Beziehung Weisungen nur von dem Director, dieser nur von den vorgesetzten Behörden zu empfangen.

§. 54 (M. E. 108).

Das Unterrichts-Ministerium läßt die neu erschienenen Lehrbücher und Unterrichtsmittel, welche ihm vorgelegt werden, prüfen und stellt ein Verzeichniß der tauglich befundenen auf.

Aus diesem Verzeichniß wählt jedes Lehrer-Collegium mit der in §. 31 enthaltenen Beschränkung selbstständig die für seine Schule passenden aus.

§. 55 (M. E. 128).

Die Lehrerbesoldungen werden in der durch den Special-Etat festgesetzten Höhe in Pr. Courant vierteljährlich vorausbezahlt.

Hinsichtlich der Ansprüche an das Einkommen verstorbener Lehrer bleibt es bei den bestehenden allgemeinen gesetzlichen Bestimmungen.

§. 56.

Die Zuchtmittel der höheren Schulen dürfen nie über Rüge, Verwarnung und einen mäßigen Zwang (Nachbleiben, Carcerstrafe) hinausgehen; namentlich sind körperliche Züchtigungen durchaus verboten. Gegen diejenigen Lehrer, welche dieses Verbot übertreten, steht den Eltern selbst die Klage bei den Gerichten frei.

§. 57.

Die Schule darf einen Schüler nie nöthigen gegen den ausgesprochenen Willen der Eltern (oder der gesetzlichen Vertreter derselben) zu handeln noch um einer Handlung willen bestrafen, die auf Befehl oder mit Zustimmung derselben geschehen ist.

Dagegen hat die Schule das Recht Schüler, deren Eltern sich den Anordnungen der Schule nicht fügen wollen, zwangsweise zu entfernen.

Diese Entfernung kann von der Lehrer-Conferenz, in dringenden Fällen auch vom Director unter Vorbehalt nachträglicher Genehmigung durch die Conferenz ausgesprochen werden.

§. 58.

Die Entfernung von der Schule kann auch in anderen Fällen durch die Lehrer-Conferenz verhängt werden: nämlich wenn ein Schüler

1) eine unehrenhafte oder eine dem Gemeinwesen der Schule schädliche Handlung begangen hat; oder
2) durch schlechtes Betragen die Wirksamkeit der Schule vereitelt und die Hoffnung auf Besserung durch die ihr zu Gebote stehenden Mittel zerstört hat; oder
3) in einer der Klassen bis Secunda ausschließlich zwei Jahre gesessen hat, ohne die Versetzung in die höhere Klasse zu erreichen.

§. 59.

Die Entfernung ist eine doppelte: der den Eltern ertheilte Rath den Schüler im stillen aus der Anstalt zu nehmen, und die Ausweisung.

Mit der Ausweisung aus einer höheren Schule ist zugleich die halbjährige Ausschließung des ausgewiesenen Schülers von der Aufnahme in irgend eine andere höhere Schule derselben Provinz verbunden.

§. 60 (M. E. 118).

Diejenigen Zöglinge der Gymnasien und Realschulen, welche mindestens zwei Jahre der Prima und davon mindestens ein halbes Jahr der Ober-Prima angehört haben, können sich einer Abgangs-Prüfung (Abiturienten-Examen) unterwerfen. Wenn sie dieselbe bestanden haben, wird ihnen ein Prüfungszeugniß ausgestellt (Zeugniß der Reife).

Diese Prüfung wird gemäß den Bestimmungen eines besonderen Reglements, vorläufig des jetzt geltenden, abgehalten.

§. 61.

Das Zeugniß der Reife von einem Gymnasium berechtigt zum akademischen Studium auf allen, das von einer Realschule auf denjenigen Universitäten, die sich in allen Facultäten für die Zulassung der Abiturienten von Realschulen ausgesprochen haben.

§. 62.

Dasselbe Zeugniß berechtigt zum Eintritt in den einjährigen freiwilligen Kriegsdienst und in alle die Zweige des Staatsdienstes, für welche ein solches als ausreichend von den einzelnen Ressortministern anerkannt wird.

§. 63.

Progymnasien und höhere Bürgerschulen ertheilen kein Zeugniß der Reife, sondern nur ein Entlassungszeugniß, dessen Ansprüche auf Geltung für Beschäftigung im Kriegs- oder Staatsdienst je nach dem Ziel, das diese Schulen erreichen, von dem Unterrichts-Minister und den übrigen Ressortministern besonders festzustellen sind.

§. 64.

An andere Schulzeugnisse als das Zeugniß der Reife von Gymnasien und Realschulen und das Entlassungszeugniß von Progymnasien und höheren Bürgerschulen dürfen Berechtigungen weder von einem einzelnen Staatsminister noch von dem Gesammt-Staatsministerium geknüpft werden.

Alle dem entgegen stehenden gegenwärtigen Bestimmungen werden hierdurch aufgehoben.

§. 65 (M. E. 129).

Die Höhe des Schulgeldes, welches die Schüler der öffentlichen höheren Schulen zu bezahlen haben, bestimmt das Patronat. Eine Erhöhung desselben über 35 Thaler jährlich bedarf der Genehmigung des Provinzial-Schulcollegiums.

Außer dem Schulgelde sind von den Eltern der Schüler keine Zahlungen an die Schulkasse zu leisten.

§. 66 (M. E. 129, Alin. 2. 3).

Für die Söhne der Lehrer und Beamten an einer öffentlichen höheren Schule wird von dieser kein Schulgeld erhoben.

Außerdem müssen in dem Etat jeder öffentlichen höheren Schule für die Befreiung von mindestens fünf Procent der Schüler die nöthigen Mittel ausgeworfen sein.

Von der Zahlung des Schulgeldes dürfen (außer den in Alin. 1 genannten) nur solche Schüler befreit werden, welche bei regelmäßigem Schulbesuch und durchaus tadellosem Fleiß und Betragen nach Ausweis ihrer Schulzeugnisse in den obligatorischen Unterrichtsgegenständen entweder gute oder befriedigende Fortschritte machen, und deren Eltern dem Curatorium als bedürftig bekannt sind.

Für Schulgeldbefreiungen über den Etat hinaus bedarf es eines besonderen Antrages des Curatoriums und der Genehmigung des Patronats.

§. 67 (M. E. 117).

Die Gesammtdauer der Ferien beträgt jährlich nicht mehr als 10 Wochen.

Eine Verlängerung derselben, die nur, wenn nicht aufzuschiebende Bauten auszuführen sind, und aus anderen unabänderlichen Gründen zulässig ist, bedarf der Genehmigung des Provinzial-Schulcollegiums.

§. 68 (M. E. 130).

Die Klassenräume für öffentliche höhere Schulen müssen mindestens 500 Quadratfuß Flächeninhalt bei 13 Fuß Höhe und ausreichendes Licht haben.

Jede öffentliche höhere Schule muß außer den nöthigen Klassenräumen eine Aula zur Versammlung der ganzen Schülerzahl und zu öffentlichen Festlichkeiten, geeignete Räume für den Zeichen- und Sing-Unterricht, für die Bibliothek und die naturwissenschaftlichen Sammlungen und ein Conferenzzimmer haben.

§. 69 (M. E. 115).

Wenn in einer öffentlichen höheren Schule, welche die durch den Gründungsplan (§. 9) bestimmte Klassenzahl erreicht hat, zwei Jahre hindurch 50 Schüler oder mehr eine der beiden unteren, 40 oder mehr eine der mittleren, 30 oder mehr eine der oberen Klassen besucht haben, so hat der Director unaufgefordert dem Curatorium ein motivirtes Gutachten darüber zu erstatten, ob diese Ueberfüllung auf vorübergehenden oder dauernden Ursachen beruht. Dieses Gutachten ist mit etwaigen Bemerkungen oder Anträgen des Curatoriums an die Patronatsbehörde einzureichen.

Die Patronatsbehörde kann die Beseitigung der Ueberfüllung verlangen: dann ist der Director auf Verfügung und unter Controle des Curatoriums verpflichtet die Aufnahme neuer Schüler in die überfüllte Klasse, nöthigen Falles auch in die nächst niederen, so lange zu beschränken, bis die Gefahr der Ueberfüllung geschwunden ist. Oder die Patronatsbehörde kann (jedoch mit Beachtung von §. 73) die zeitweise (nicht über 2 Jahre auszudehnende) oder dauernde Theilung der Klasse beschließen, muß dann aber auch die nach dem Normal-Etat dazu erforderlichen Geldmittel bewilligen.

§. 70 (M. E. 111).

Die Aufnahme in die unterste Klasse der höheren Schulen erfolgt vom 1. Januar 1875 ab nicht vor zurückgelegtem 11. Jahr. Ausnahmen sind nur aus ganz besonderen Gründen zu gestatten und mit diesen dem Provinzial-Schulcollegium mitzutheilen.

§. 71.

Die unerläßlichen Bedingungen zur Aufnahme in die unterste Klasse sind vom 1. Januar 1875 ab:

1) Geläufigkeit im sinngemäßen Lesen, sowie im Schreiben deutscher und lateinischer Schrift bis zu dem Grade, daß eine weitere Uebung darin nicht erforderlich ist;
2) Sicherheit in der deutschen Elementargrammatik, namentlich im Verständniß der Satzglieder und Satzarten und eine genügende Bekanntschaft mit der Orthographie und Interpunction;
3) die Fähigkeit eine gelesene oder gehörte einfache Erzählung sinngemäß mündlich und schriftlich zu reproduciren;
4) vollständige Sicherheit im schriftlichen und im Kopfrechnen mit ganzen benannten und unbenannten Zahlen und mit Brüchen, und in den bürgerlichen Rechnungsarten;
5) eine sichere Uebersicht über die Geographie aller Erdtheile, namentlich Europas;
6) elementare Fertigkeit im Zeichnen;
7) für die evangelischen Schüler sichere Kenntniß der biblischen Geschichten A. und N. T.

Vorkenntnisse in fremden Sprachen sind weder erforderlich noch wünschenswerth.

§. 72 (M. E. 106. 107, Alin. 3. 112).

Die vollständigen höheren Schulen (Gymnasien und Realschulen) bestehen vom 1. Januar 1875 ab aus sechs aufsteigenden Klassen, von denen die Prima der Gymnasien einen zweijährigen Cursus, alle übrigen einjährigen Cursus haben.

Die Progymnasien und höheren Bürgerschulen sind Gymnasien, beziehungsweise Realschulen ohne Prima (und Secunda).

Die Unterscheidung der Realschulen in Realschulen erster und zweiter Ordnung hört auf.

§. 73 (M. E. 114. 115).

Die einzelnen Klassen der höheren Schulen können nach Bedürfniß in Parallel-Abtheilungen, jedoch in nicht mehr als zwei, und die zweijährige Prima der Gymnasien außerdem in eine Ober- und eine Unter-Prima getheilt werden, so daß der größte Umfang einer höheren Schule auf 14 Klassen steigen kann.

Daneben können zur Sicherung der für den Eintritt in die unterste Klasse erforderlichen Elementarbildung (§. 71) vier bis fünf aufsteigende Elementar- oder Vorschulklassen unter demselben Directorat und denselben Ressortverhältnissen mit den höheren Schulen, zu denen sie gehören, eingerichtet werden.

Es dürfen nie mehr als 19 Klassen unter der Leitung eines und desselben Directors stehen.

§. 74 (M. E. 110).

Die Zahl der obligatorischen wöchentlichen Unterrichtsstunden beträgt (in Sexta und Quinta Singen und Zeichnen eingerechnet) 28. Nur Stiftungsbestimmungen machen eine Ausnahme zulässig.

Zu diesen obligatorischen Stunden tritt in den mittleren und oberen Klassen als facultativer Unterricht der Gesang- und Zeichenunterricht, für Secunda und Prima der Unterricht im Hebräischen.

§. 75 (M. E. 105. 108. 109. 117, Alin. 2).

An allen öffentlichen höheren Schulen wird Unterricht in der Religion derjenigen Confession ertheilt, welcher die Mehrzahl der Schüler angehört, und zwar durchaus in Uebereinstimmung mit den Lehren dieser Religion (Confession).

Diejenigen Schüler (jedoch mit Ausnahme der Primaner), welche den Confirmanden-Unterricht besuchen, sind auf Verlangen der Eltern während desselben von dem Religionsunterricht der Anstalt zu dispensiren.

Den Schülern anderer Bekenntnisse darf die Aufnahme in die höheren Schulen darum nicht versagt werden. Anstalten, in denen stiftungsmäßige Bestimmungen dem entgegen stehen, verlieren die Eigenschaft öffentlicher höherer Schulen.

Die Schüler, welche der Confession der Mehrheit nicht angehören, sind weder zur Theilnahme an dem Religionsunterricht noch an den Religionsübungen der Schule verpflichtet und können an den Feiertagen ihrer Confession auch zum Schulbesuch nicht gezwungen werden.

Wenn die Zahl der Schüler einer Confession der Minderheit bis auf 20 angewachsen ist, so muß für dieselben ein besonderer Religionsunterricht eingerichtet werden, dessen Fortbestehen jedoch nicht mehr gefordert werden kann, sobald die Zahl unter 15 sinkt.

§. 76 (M. E. 108).

Allen öffentlichen höheren Schulen ist ferner gemeinsam Unterricht in der deutschen und in der französischen oder englischen Sprache, in der Geschichte und Geographie, in der Mathematik und Naturkunde.

§. 77 (M. E. 107, Alin. 1).

In den Gymnasien werden in allen Klassen wöchentlich

10 Stunden auf den lateinischen, 4—5 auf den mathematisch-naturwissenschaftlichen, von Quinta ab 6—7 auf den griechischen Unterricht verwendet; in der Benutzung der übrigen gesetzlichen Zeit (§§. 74 u. 76) haben die einzelnen Anstalten freie Hand.

§. 78 (M. E. 107, Alin. 2).

In den Realschulen werden in allen Klassen 10 Stunden auf sprachlichen Unterricht (den deutschen eingeschlossen), 6 Stunden auf den Unterricht in der Mathematik und mindestens 4 auf den in der Naturkunde verwendet; in der Benutzung der übrigen gesetzlichen Zeit (§§. 74 u. 76) haben die einzelnen Anstalten freie Hand.

Die lateinische Sprache ist in keiner Realschule obligatorischer Unterrichtsgegenstand; doch ist es gestattet sie, ohne Ueberschreitung der gesetzlichen Stundenzahl (§. 74), in den Lectionsplan aufzunehmen.

§. 79 (M. E. 113).

In Orten, in welchen nur eine höhere Schule besteht, ist es gestattet, mit den Gymnasien parallele Realklassen und mit den Realschulen parallele Gymnasialklassen zu verbinden, jedoch mit Ausnahme der Prima und unbeschadet der Bestimmungen des §. 73. Auch dürfen diese Nebenklassen nicht getheilt werden.

§. 80.

Der Turnunterricht hört spätestens vom 1. Januar 1875 ab auf ein integrirender Theil des den öffentlichen höheren Schulen obliegenden Unterrichts zu sein.

Der öffentliche Turnunterricht wird bis dahin selbstständig organisirt und durch ein besonderes Reglement geordnet werden, das vorläufig Geltung haben wird, bis hinreichende Erfahrungen werden gesammelt sein um. auch diesen Zweig des öffentlichen Unterrichtes gesetzlich zu regeln.

Sobald dieser selbstständige Turnunterricht vier Jahre wird gedauert haben, wird behufs der Immatriculation bei den Universitäten, so wie zum Eintritt in den einjährig-freiwilligen Kriegsdienst und in jeden Zweig des Staatsdienstes, für welchen ein Zeugniß der Reife genügt, auch ein Zeugniß über eine mindestens vierjährige Theilnahme am öffentlichen Turnunterricht und die dadurch erlangte Fertigkeit gefordert werden, insofern nicht durch ein Physikats-Attest der Nachweis geführt wird, daß aus ärztlichen Gründen während der Zeit des Schulbesuches die Erfüllung dieser Forderung unmöglich war.

Der vor der Wirksamkeit dieser Bestimmung an einer höheren Schule genossene Turnunterricht wird auf die vier Jahre mit angerechnet.

§. 81.

Das gesammte höhere Schulwesen steht unter der unmittelbaren und ausschließlichen Aufsicht der dazu bestimmten Staatsbehörden, des K. Unterrichtsministeriums und der Provinzial-Schul-Collegien.

Jede Beaufsichtigung oder Visitation der höheren Schulen durch kirchliche Behörden*) wird hierdurch ausdrücklich aufgehoben.

---

*) Daß an das höhere Schulwesen auch die Kirche sehr berechtigte Ansprüche hat, wird kein verständiger Mann leugnen; aber nicht die klerikal-büreaukratische, sondern die Gemeindekirche. Diesen gerechten Ansprüchen ist dadurch genügt, daß die, welche an der Schule wirken, mit verschwindend geringen Ausnahmen auch in Zukunft kirchlichen Gemeind.n angehören werden; in dem vorliegenden Entwurf noch mehr dadurch, daß eine Anzahl der Mitglieder der Curatorien (§§. 15. 16) aus den Kirchengemeindevertretungen hervorgeht, und daß der Religionsunterricht in Uebereinstimmung mit den Lehren der Confession, der die daran Theil nehmenden Schüler angehören, gegeben werden soll. Nach protestantischen Grundsätzen ruht die Kirche in der Gemeinde, nicht in dem Klerus: und da die wahre Kirche unsichtbar ist, so bietet der Geistliche um nichts mehr Gewähr, daß er ihr angehöre, als jedes andere Mitglied der sichtbaren.

Durch den Ministerial-Entwurf zieht sich in der Behandlung der Frage über den Zusammenhang von Schule und Kirche als πρῶτον ψεῦδος die Vorstellung hindurch, als sei die Kirche identisch mit der Geistlichkeit und den „Kirchenbehörden," welche doch in ihrem jetzigen Bestande außer allem organischen Zusammenhange mit der Gemeinde stehen. So ist für die Volksschule der Ortspfarrer nicht bloß im Schulvorstand (§. 47, 2), wogegen nichts zu sagen ist, sondern er beaufsichtigt

§. 82.

Die Mitglieder des Provinzial-Schul-Collegiums werden von dem Provinzial-Landtage gewählt und vom König bestätigt.

§. 83.

Die Aufsicht der Staatsbehörden bezweckt lediglich Verhinderung jeder Ungesetzlichkeit und die unzweifelhafte Sicherstellung der von den höheren Schulen zu erreichenden Ziele.

---

auch den gesammten (nicht bloß Religions-) Unterricht (§. 48), was nur dann gebilligt werden kann, wenn ein dazu geeigneteres Mitglied des Schulvorstandes nicht vorhanden ist; ein Geistlicher ist ferner in der Regel der vom Staate eingesetzte Kreis-Schulinspector (§. 51), und zwar derjenige Geistliche, welchem die kirchlichen Behörden auch die Aufsicht über den Religionsunterricht zu übertragen bereit sind, wodurch sich der Staat von den kirchlichen Behörden geradezu abhängig macht. Wenn der Staat ja einmal einen anderen Christen zum Kreis-Schulinspector ernennt, so können die Kirchenbehörden die Aufsicht über den Religionsunterricht einem anderen als diesem übertragen (§. 52). Die Kirchenbehörden haben (nach §. 53) über den Religionsunterricht in den Volksschulen Anordnungen zu treffen, von denen die Kreis-Schulinspectoren der Regierung vor der Ausführung Anzeige zu machen haben; wenn dies also geschehen ist, hat die Regierung kein Recht der Sistirung oder Abänderung. In den Schul-Commissionen der Städte (§. 57) soll die Zahl der Geistlichen gleich sein der der oberen Gemeindebeamten so wie der der Stadtverordneten, und diese Geistlichen werden (§. 58) von der kirchlichen Behörde „bestellt," wohl auf Lebenszeit, während die übrigen Mitglieder nach bestimmten Zeiträumen ausscheiden. Den Stadtschulvorständen kann (§. 62) die kirchliche Behörde einen Geistlichen „beiordnen"; und wo ein Lehramt mit einem Kirchenamte verbunden ist, da hört (§. 66) bei einer Neuwahl die Regierung, wenn Schul- und Kirchenvorstand sich nicht einigen, „den Schulvorstand über seine Einwendungen gegen die Person des zum Kirchenamte präsentirten und entscheidet danach". (Warum in aller Welt, da es sich um einen Cantor oder Organisten handelt, nicht eben so gut den Kirchenvorstand über seine Einwendungen gegen die Person des zum Schulamte präsentirten?) Der Lehrplan für den Religionsunterricht in den Seminarien wird unter Mitwirkung der kirchlichen Behörden festgestellt (§. 91), und in den Abgangs-Prüfungs-Commissionen der Seminarien ist ein Mitglied der zuständigen kirchlichen Behörde (§. 96).

Und für alle diese Mühwaltungen der Geistlichen und der Kirchenbehörden erhält nur der Kreis-Schulinspector (§. 54) für seine Inspection der Schulen pro Klasse eine Remuneration von vier Thalern aus der Schulkasse (!).

Solchen Bestimmungen gegenüber scheint die ausdrückliche Aufhebung des Visitationsrechtes kirchlicher Behörden, das in dem Ministerial-Entwurf nicht erwähnt wird, gerechtfertigt.

§. 84 (M. E. 125).

Sonst ist die Genehmigung der Staatsbehörden nur noch erforderlich

1) zum Erwerb und zur Veräußerung von Grundeigenthum;
2) zur Aenderung von stiftungsmäßigen Bestimmungen;
3) zur Veräußerung oder wesentlichen Veränderung von Sachen, welche einen besonderen wissenschaftlichen, historischen oder Kunstwerth haben;
4) zu Anleihen, durch welche die Anstalt mit einem Schuldenbestande belastet oder der bereits vorhandene vergrößert wird;
5) zur Anlegung, Einziehung und Verwendung von Capitalien.

§. 85.

Von allen Anordnungen der Lehrer an höheren Schulen kann Berufung eingelegt werden an den Director, von denen des Directors an das Provinzial-Schul-Collegium, von den Entscheidungen des Provinzial-Schul-Collegiums an den Unterrichtsminister, von den Entscheidungen des Unterrichtsministers an den Verwaltungs-Gerichtshof *).

§. 86 (M. E. 131).

Eine bestehende öffentliche höhere Schule kann vom 1. Januar 1876 ab (vgl. §. 5) nicht aufgehoben werden ohne die Genehmigung des Unterrichtsministers.

Die Aufhebung darf nicht bewilligt werden ohne den Nachweis der Unfähigkeit zur weiteren Unterhaltung von Seiten der Patronatsbehörde.

§. 87.

Einer höheren Schule, die nach dem Urtheil der competenten

*) Dieser Verwaltungsgerichtshof ist der von Gneist aus vielfachen Gründen geforderte.

Behörden hinter den gesetzlichen Leistungen dauernd (mindestens drei Jahre) zurückgeblieben ist, kann die Eigenschaft einer öffentlichen höheren Schule aberkannt werden.

Jedoch kann in diesem Falle sowohl das Curatorium wie der Director eine genaue Untersuchung des Zustandes der Anstalt durch eine besondere Commission von Sachkundigen verlangen, von denen zwei der Unterrichtsminister, zwei das Curatorium bezeichnet. Einen Obmann ernennt der Provinzial-Landtag.

Ferner:

Pertz, G. H., aus Stein's Leben. 2 Bände. Mit Stein's Bildniß. Preis: 5 Thr. 10 Sgr.

Pertz, G. H., das Leben des Feldmarschalls Grafen Neithardt von Gneisenau 1. bis 3. Band. à 3 Thlr. 10 Sgr.

Pierson, A., Richtung und Leben; aus dem Holländischen. Mit Vorwort von H. Lang. Preis: 1 Thlr. $7\frac{1}{2}$ Sgr.

Planck, K. Ch., Jean Paul's Dichtung im Lichte unserer nationalen Entwicklung. Ein Stück deutscher Kulturgeschichte. Preis: 25 Sgr.

Ritter, Karl, Geschichte der Erdkunde und Entdeckungen. Vorlesungen an der Berliner Universität herausgeg. von H. A. Daniel. Mit Ritter's Bildniß. Preis: 1 Thlr. 15 Sgr.

Ritter, Karl, Allgemeine Erdkunde. Vorlesungen an der Berliner Universität herausgeg. von H. A. Daniel. Preis: 1 Thlr. 5 Sgr.

Ritter, Karl, Europa. Vorlesungen an der Berliner Universität herausgeg. von H. A. Daniel. Preis: 1 Thlr. 25 Sgr.

Aus **Schleiermacher's Leben.** In Briefen. Vier Bände mit Schleiermachers Bildniß. Preis: 8 Thlr. 5 Sgr. geb. 9 Thlr. 15 Sgr.

Schleiermacher, Fr., Monologen. Eine Neujahrsgabe. Miniatur-Ausgabe, geb. mit Goldschnitt. Preis: 25 Sgr.

Schleiermacher, Fr., die Weihnachtsfeier. Miniatur-Ausgabe, geb. mit Goldschnitt. Preis: 25 Sgr.

Schleiermacher, Fr., Predigten. Vier Bände. Neue Ausgabe. Preis: 5 Thlr. 10 Sgr.

Schleiermacher, Fr., Predigten über den christlichen Hausstand. 4. Auflage. Preis: 25 Sgr.

Schleiermacher, Fr., der christliche Glaube nach den Grundsätzen der evangelischen Kirche im Zusammenhange dargestellt. 2 Bände. Fünfte unveränderte Ausgabe. Preis: 2 Thlr. 20 Sgr.

Schleiermacher, Fr., über die Religion. Reden an die Gebildeten unter ihren Verächtern. 6. Auflage. **Herabgesetzter Preis** 10 Sgr.

Shakespeare's dramatische Werke nach der Uebersetzung von A. W. Schlegel und L. Tieck sorgfältig revidirt und theilweise neu bearbeitet, mit Einleitungen und Noten versehen, unter Redaktion von H. Ulrici herausgegeben durch die Deutsche Shakespeare-Gesellschaft. Zwölf Bände à 20 Sgr. (Band 1—7 sind bis jetzt erschienen.)

Shakespeare's Gedichte. Deutsch von W. Jordan. Preis: 1 Thlr. 20 Sgr.

Sophokles Tragödien. Deutsch von W. Jordan. 2 Theile. Preis: 2 Thlr. 20 Sgr.

FSC
www.fsc.org
MIX
Papier | Fördert gute Waldnutzung
FSC® C083411

Kolibri 360 GmbH
Ferdinand-Jühlke-Straße 7
99095 Erfurt, Deutschland
produktsicherheit@kolibri360.de